HÉROES DE LA COPA MUNDIAL

por Kurt Waldendorf

CAPSTONE PRESS
a capstone imprint

Publicado por Capstone Press, una impresión de Capstone
1710 Roe Crest Drive, North Mankato, Minnesota 56003
capstonepub.com

Publicado originalmente como *World Cup Heroes*, copyright 2026 por Capstone.

Copyright © 2026 de Capstone. Todos los derechos reservados. Ninguna parte de esta publicación puede ser reproducida ni total ni parcialmente, ni almacenada en un sistema de recuperación, ni transmitida de ninguna forma o por ningún medio, ya sea electrónico, mecánico, fotocopia, grabación o de otro tipo. sin la autorización escrita de la casa editorial.

Los datos de catalogación previos a la publicación se encuentran disponibles en el sitio web de la Biblioteca del Congreso.

ISBN: 9798875296147 (tapa dura)
ISBN: 9798875296239 (tapa blanda)
ISBN: 9798875296024 (PDF libro electrónico)

Resumen: Todos los deportes tienen sus héroes, pero los héroes del fútbol son algo especial. Los lectores pueden aprender todo sobre los grandes líderes, los mejores compañeros de equipo y los jugadores más ganadores que han participado en el deporte más importante del planeta.

Créditos editoriales:
Editora: Heather Williams; Diseñadora: Cynthia Della-Rovere;
Investigadoras de medios: Courtney Rust, Catherine Guden

Créditos fotográficos:
Getty: Allsport/Hulton Archive, 18, Catherine Ivill, 29, Chris Brunskill/Fantasista, 25, Christof Koepsel/Bongarts, 8, Jamie Squire/Allsport, 14–15, Jed Jacobsohn, 20–21, Jose Breton/Pics Action/NurPhoto, 26, Julian Finley, 5, Maja Hitij, cubrir (medio), 23, Martin Rose, 10–11, Michael Steele, cubrir (derecha), Pictorial Parade/Archive Photos, 7, Popperfoto, 16–17, Richard Heathcote, 22, Robert Cianflone, 13, Scott Heavey, cubrir (izquierda), Stu Forster, cubrir (arriba)

Elementos de diseño:
Shutterstock: Arroyan Art, Dmitry Rukhlenko, Donglpix, madorf, Vector-3D

Capstone no mantiene, autoriza ni patrocina los sitios web y recursos adicionales a los que se hace referencia en este libro. Todos los nombres de productos y empresas son marcas comerciales™ o marcas comerciales registradas® de sus respectivos propietarios.

Printed and bound in China. 6459

CONTENIDO

Capítulo 1
¿QUÉ HACE A UN HÉROE? — 4

Capítulo 2
HÉROES HISTÓRICOS — 6

Capítulo 3
EQUIPOS HEROICOS — 16

Capítulo 4
LOS HÉROES ACTUALES — 24

GLOSARIO 30
SOBRE EL AUTOR 31
ÍNDICE 32

Las palabras en **negrita** están en el glosario.

CAPÍTULO 1

¿QUÉ HACE A UN HÉROE?

Cada jugador o jugadora utiliza habilidades diferentes en la cancha de fútbol. Algunos son conocidos por su velocidad. Otros son fuertes tiradores. Y otros ayudan a su equipo a ganar con un gran bloqueo de tiros en la portería. Sea cual sea su habilidad especial, estos atletas estrella destacan por encima del resto.

Las Copas Mundiales Masculina y Femenina reúnen a jugadores estrella de todo el mundo. Estos torneos son los eventos más importantes del fútbol. Brindan a los jugadores la oportunidad de convertirse en algo más que estrellas. Al demostrar su habilidad contra las mejores **selecciones nacionales** del mundo, los jugadores pueden convertirse en héroes del juego.

Lionel Messi (centro) es uno de los atletas más reconocidos del mundo.

DATO CURIOSO

Cientos de atletas compiten en las Copas Mundiales Masculina y Femenina. Aun así, estos eventos incluyen solo a los mejores de los mejores. Menos del 1% de los jugadores masculinos **profesionales** llegan a la final. En el torneo femenino, compiten menos del 4% de los profesionales.

CAPÍTULO 2

HÉROES HISTÓRICOS

Los jugadores pueden convertirse en héroes de la Copa Mundial de muchas maneras diferentes. Pero todos los héroes tienen algo en común: dan lo mejor de sí en los momentos más importantes.

Ganadores

Algunos jugadores llevan a su equipo a la victoria una y otra vez. Pelé tenía solo 17 años cuando ayudó a Brasil a ganar la Copa Mundial Masculina de 1958. Lideró al equipo a títulos nuevamente en 1962 y 1970. "El Rey" es el único jugador que ha ganado tres Copas Mundiales Masculinas.

Kristine Lilly lideró a la Selección Nacional Femenina de Estados Unidos (USWNT, por sus siglas en inglés) a la victoria durante más de 20 años. En cinco Copas Mundiales Femeninas, ganó un récord de 24 partidos. La USWNT ganó dos títulos de la Copa Mundial Femenina con Lilly en el equipo.

Pelé (derecha) fue el primer adolescente en marcar en una final de la Copa Mundial. Ostentó el récord de máximo goleador histórico de Brasil durante más de 50 años.

Goleadores

Algunos jugadores se convierten en héroes al meter el balón en la red para anotar. Con estos jugadores, los equipos siempre tienen una oportunidad.

Marta fue la primera futbolista en marcar en cinco torneos diferentes de la Copa Mundial.

Ningún jugador ha marcado más goles en la Copa Mundial que Marta. Acumuló la impresionante cifra de 17 goles en cinco torneos. En 2007, marcó siete goles en una sola Copa Mundial Femenina. Esta marca le valió la Bota de Oro, que se otorga a la máxima goleadora del torneo.

El alemán Miroslav Klose fue un gran goleador fuera de la Copa Mundial Masculina. Pero durante el torneo, llevó su juego a otro nivel. En cuatro torneos, Klose marcó un récord masculino de 16 goles.

Competencia Dura

No todos los máximos goleadores tienen un buen desempeño en la Copa Mundial. Christine Sinclair, de Canadá, ostenta el récord de **goles internacionales** con 190. Cristiano Ronaldo ostenta el récord masculino. Marcó 135 goles con Portugal. Sin embargo, ambos jugadores tuvieron dificultades en la Copa Mundial, marcando en menos de la mitad de sus partidos.

Abby Wambach celebra su gol de cabezazo durante la Copa Mundial Femenina de 2011.

Jugadores que cambian el juego

El fútbol es un juego de estilo. Algunos jugadores dejan huella al introducir nuevas y emocionantes formas de jugar.

Abby Wambach usó su cabeza para cambiar el juego. La estadounidense anotó 77 de sus 184 goles internacionales con **cabezazos**. Su gol más importante llegó en un partido de la Copa Mundial Femenina de 2011 contra Brasil. En los instantes finales, saltó para conectar un pase largo. Su frente metió el balón en la red, ayudando a la selección estadounidense a avanzar.

Johan Cruyff, de los Países Bajos, cambió el juego con su inteligencia. Ayudó a introducir el "fútbol total". La **estrategia** permitía a los jugadores cambiar de roles en el campo. Cruyff predecía los movimientos de sus compañeros, conectándoles pases precisos. Cruyff llevó a los Países Bajos a la final de la Copa Mundial Masculina en 1974.

Los que bloquean los disparos

Los porteros no suelen recibir la misma atención que los goleadores. Pero a veces, los porteros se roban el espectáculo. Nadine Angerer lo hizo en la Copa Mundial Femenina de 2007. La alemana enfrentó 31 disparos en el torneo. No dejó que ninguno llegara al fondo de la red. Alemania se alzó con su segundo título del Mundial Femenino.

El italiano Gianluigi Buffon tuvo una racha similar durante la Copa Mundial Masculina de 2006. Buffon realizó 40 atajadas en siete partidos. Solo recibió dos goles en el torneo. Uno fue derribado por su compañero. El otro fue en un **tiro penal**. La heroica jugada de Buffon le valió a Italia su cuarto título de la Copa Mundial Masculina.

El portero estadounidense Tim Howard ostenta el récord de más atajadas en un partido de la Copa Mundial. En 2014, Howard realizó la asombrosa cifra de 16 atajadas en un partido contra Bélgica.

Durante la Copa Mundial de 2014, Tim Howard solo recibió seis goles en cuatro partidos.

Sun Wen jugó para la selección china de fútbol durante 13 años. En 2019, se convirtió en vicepresidenta de la Asociación China de Fútbol.

Favoritos de la afición

No todos los héroes son los más grandes ni los más rápidos. No todos los héroes juegan en un equipo de élite.

Diego Maradona no se parecía a la mayoría de los jugadores. No era alto ni delgado. Pero Maradona nunca dejaba de moverse. Era emocionante y emotivo. A los aficionados les encantaba verlo jugar. En 1986, Maradona llevó a Argentina a ganar el título de la Copa Mundial Masculina. En el camino, su alegría y persistencia lo convirtieron en un favorito de la afición en todo el mundo.

Sun Wen se ganó a la afición aunque fue **desfavorecida**. Pocos le dieron una oportunidad a China en el torneo femenino de 1999. La selección femenina de Estados Unidos parecía imparable. Aun así, Sun estuvo a la altura de las circunstancias. Llevó a la selección china a un empate en la final. Estados Unidos ganó el partido en penales. Pero Sun se ganó el Balón de Oro, otorgado a la mejor jugadora del evento.

CAPÍTULO 3

EQUIPOS HEROICOS

En algunas Copas Mundiales, todo un equipo da un paso al frente. Juegan bien durante todo el torneo. Algunos equipos incluso compiten por múltiples títulos consecutivos en la Copa Mundial. Brasil, Italia y Alemania han tenido el mayor éxito en la Copa Mundial Masculina. Estados Unidos ha dominado la Copa Mundial Femenina. Cada nación ha tenido equipos heroicos.

El tesoro nacional de Brasil

La mejor selección de Brasil de todos los tiempos jugó en la Copa Mundial Masculina de 1970. El equipo estaba liderado por Pelé. Pero toda la **lista** estaba repleta de jugadores clave. En seis partidos, anotaron 19 goles y solo permitieron siete. En la final, Brasil venció fácilmente a Italia 4-1. La victoria le dio a Brasil su tercer título en cuatro Mundiales consecutivos. Muchos consideran al equipo como el mejor equipo masculino de la historia.

Pelé (derecha) intenta una entrada contra el uruguayo Juan Mujica durante la Copa Mundial de 1970.

Franz Beckenbauer (izquierda) estrecha la mano antes de un partido de la Copa Mundial de 1974. Beckenbauer capitaneó a la selección alemana en su victoria en la Copa Mundial de ese año.

El duro equipo de Alemania

No todos los equipos de élite triunfan de inmediato. Ese fue el caso de la selección masculina alemana en la década de loa 1970. El equipo tenía talento. Estaba liderado por las estrellas Franz Beckenbauer y Gerd Müller. Pero en la Copa Mundial de 1970, el equipo perdió inesperadamente contra Italia en semifinales.

En 1974, Alemania tuvo un comienzo lento, perdiendo un partido en la **fase de grupos**. Pero el equipo demostró su habilidad a medida que avanzaba el torneo. En la final, Alemania se enfrentó a Johan Cruyff y a los Países Bajos. Fue una prueba difícil. Los holandeses se adelantaron rápidamente. Marcaron en el segundo minuto. Finalmente, Alemania remontó para ganar 2–1. La persistencia y la fuerza del equipo ante una gran competencia los convirtieron en héroes de la Copa Mundial.

El defensa Franz Beckenbauer demostró su tenacidad durante el torneo de 1970. En el partido contra Italia, se lesionó gravemente el hombro. Aun así, jugó el partido con el brazo en cabestrillo.

Éxito temprano de la selección femenina de EE. UU.

El éxito de la selección femenina de EE. UU. comenzó temprano. En la primera Copa Mundial Femenina, en 1991, el equipo anotó la impresionante cifra de 25 goles. Solo sufrieron cinco goles en su contra en su camino hacia su primer título. Cuatro años después, el equipo volvió a jugar bien. Pero Estados Unidos obtuvo un decepcionante tercer puesto.

En 1999, las estadounidenses volvieron a la senda del éxito. El equipo arrasó en la fase de grupos, anotando 13 goles y encajando solo uno. La final fue contra China. Cerca de 90.000 aficionados vitorearon desde las gradas. Estados Unidos obtuvo una dramática victoria en los penaltis. El partido convirtió a Michelle Akers, Mia Hamm y Brandi Chastain en nombres conocidos en todo el mundo. También convirtió a las jugadoras en heroínas de la Copa Mundial de 1999.

Mia Hamm y la selección femenina de Estados Unidos de 1999 contribuyeron a la popularización del fútbol en Estados Unidos con su victoria en la Copa Mundial.

FIFA WOMEN'S WORLD
USA 1999
9
9

Alex Morgan (izquierda) y Megan Rapinoe (derecha) celebran el gol de Rapinoe contra los Países Bajos durante la final de la Copa Mundial de 2019.

Una nueva generación

Jugadoras que crecieron admirando a las de 1999 tomaron la delantera en la década de 2010. El éxito del equipo comenzó en 2011. La selección femenina de Estados Unidos terminó en segundo lugar, muy cerca de Japón. Cuatro años después, la selección femenina de Estados Unidos se tomó la revancha. Vencieron a Japón 5–2 en la final de 2015.

Pero lo mejor estaba por venir. En 2019, la selección femenina de Estados Unidos culminó su década dominante. Vencieron a los Países Bajos para conseguir su segundo título consecutivo. El equipo ganó los siete partidos del torneo. Anotaron un récord de 26 goles. Las estadounidenses Alex Morgan y Megan Rapinoe empataron con la mayor cantidad de goles, con seis. Y Rapinoe ganó el Balón de Oro. Muchos consideran que este equipo es el mejor equipo femenino de todos los tiempos.

Crystal Dunn dispara durante la Copa Mundial de 2019.

CAPÍTULO 4

LOS HÉROES ACTUALES

En los últimos años, nuevos jugadores se han convertido en héroes de la Copa Mundial. Otros se han convertido en estrellas a seguir.

Héroes masculinos

Kylian Mbappé y Olivier Giroud fueron estrellas emergentes en 2018. Ambos ayudaron a Francia a ganar el título de la Copa Mundial Masculina. En 2022, brillaron de nuevo. Giroud anotó el gol de la victoria contra Inglaterra en cuartos de final. En la final contra Argentina, Mbappé anotó tres goles, igualando un récord establecido en 1966. Francia perdió el partido. Pero Mbappé se llevó a casa la Bota de Oro como máximo goleador del torneo. Giroud empató en el tercer lugar de goles en el torneo.

En 2018, Kylian Mbappé se convirtió en el segundo adolescente de la historia en marcar en una final de la Copa Mundial.

Lionel Messi

El argentino Lionel Messi ha tenido muchos momentos heroicos. Messi ha jugado más partidos de la Copa Mundial Masculina que cualquier otro jugador. Ocupa el segundo puesto en goles internacionales masculinos. En 2022, Messi sumó el único logro que le faltaba. Llevó a Argentina a un título de la Copa Mundial. Messi anotó dos veces en la final contra Francia.

Mary Earps se hizo tan popular después de la Copa Mundial de 2023 que su camiseta se agotó en línea minutos después de salir a la venta.

Héroes femeninos

Dos heroínas dieron un paso al frente durante la Copa Mundial Femenina de 2023: la portera Mary Earps y la centrocampista Aitana Bonmatí.

Earps defendió la red cada minuto de los partidos de Inglaterra. Permitió solo cuatro goles en todo el torneo. Su momento más destacado llegó en la final. Earps se zambulló para atajar un penalti muy duro de España. Aunque perdieron la final y quedaron en segundo lugar, sus rápidos **reflejos** ayudaron a Inglaterra a conseguir su mejor resultado en la historia de la Copa Mundial. Esto también le valió el Guante de Oro a la mejor portera del torneo.

Bonmatí formó parte de la potente selección española. El equipo marcó 18 goles y solo recibió siete. Bonmatí fue una de las principales responsables de ello. Fue una de las máximas goleadoras de España y dio dos asistencias. Tras vencer a Earps e Inglaterra por 1–0 en la final, España se alzó con su primer título de la Copa Mundial Femenina. Bonmatí ganó el Balón de Oro por su actuación.

Futuros héroes

Nuevas estrellas aparecen en cada Copa Mundial. A veces, estas actuaciones son sorprendentes. Pero a menudo, los jugadores cosechan éxitos durante muchos años anteriores.

Enzo Fernández demostró su talento en la Copa Mundial Masculina de 2022. El joven centrocampista ayudó a Argentina a conseguir el título. Fue nombrado Mejor Jugador Joven del torneo. El noruego Erling Haaland también ha destacado. A los 24 años, Haaland se convirtió en el máximo goleador internacional de su país. Aunque Noruega no se clasificó para la Copa Mundial Masculina de 2022, la afición esperaba que Haaland ayudara al equipo a llegar al torneo de 2026.

Salma Paralluelo de España y Sophia Smith de Estados Unidos son estrellas emergentes del fútbol femenino. Paralluelo tenía tan solo 19 años cuando fue nombrada Mejor Jugadora Joven de la Copa Mundial Femenina de 2023. Aunque la selección femenina de Estados Unidos perdió en octavos de final de la Copa Mundial de 2023, Smith marcó el primer gol del equipo en el torneo. También ha cosechado éxitos fuera de la Copa Mundial. En 2024, ayudó a su país a conseguir el oro en los Juegos Olímpicos. Los aficionados se entusiasmaron con el potencial de Smith como heroína de la Copa Mundial.

Cada generación tiene jugadores estrella. Al demostrar su habilidad unos contra otros en el máximo escenario, unos pocos se convertirán en héroes de la Copa Mundial.

Gracias al gol de la victoria de Salma Paralluelo en cuartos de final, España avanzó y finalmente ganó la Copa Mundial de 2023.

GLOSARIO

cabezazos (ca-be-ZA-zos): tiros o pases en los que los jugadores usan la cabeza para golpear el balón

desfavorecida (des-fa-vo-re-CI-da): una persona o equipo que no se espera que gane un evento

estrategia (es-tra-TE-gia): un plan para ganar un juego o competencia

fase de grupos (FA-se DE GRU-pos): la parte de un torneo en la que los equipos juegan varios partidos contra un grupo reducido de competidores

goles internacionales (GO-les in-ter-na-cio-NA-les): jugadas de gol que cuentan para la selección nacional de un país

lista (LIS-ta): una relación de las personas en un equipo

profesional (pro-fe-sio-NAL): realizado por personas que reciben dinero por lo que hacen

reflejos (re-FLE-jos): la capacidad de una persona para reaccionar rápidamente

selecciones nacionales (se-lec-CIO-nes na-cio-NA-les): equipos deportivos que representan a sus respectivos países

tiro penal (TI-ro pe-NAL): tiro libre concedido al ataque cuando la defensa comete un penalti

SOBRE EL AUTOR

Kurt Waldendorf es el autor de más de una docena de libros para niños. Cuando no está escribiendo ni editando, disfruta de la escalada en roca bajo techo y de correr por la orilla del lago Michigan con su perro. Vive en Chicago.

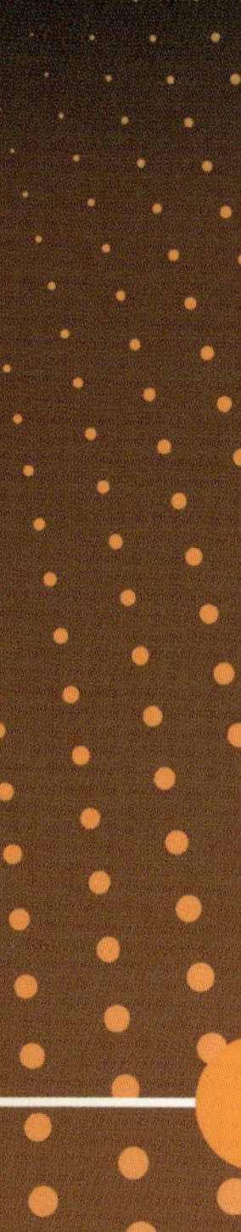

ÍNDICE

Akers, Michelle, 20
Angerer, Nadine, 12

Beckenbauer, Franz, 19
Bonmatí, Aitana, 27
Buffon, Gianluigi, 12

Chastain, Brandi, 20
Cruyff, Johan, 11, 19

Earps, Mary, 27

Fernández, Enzo, 28

Giroud, Olivier, 24

Haaland, Erling, 28
Hamm, Mia, 20
Howard, Tim, 12

Klose, Miroslav, 9

Lilly, Kristine, 6

Maradona, Diego, 15
Marta, 9
Mbappé, Kylian, 24
Messi, Lionel, 25
Morgan, Alex, 23
Müller, Gerd, 19

Países Bajos, 11, 19, 23
Paralluelo, Salma, 28
Pelé, 6, 16

Rapinoe, Megan, 23
Ronaldo, Cristiano, 9

Sinclair, Christine, 9
Smith, Sophia, 28
Sun Wen, 15

Wambach, Abby, 10